Das kleine Weihnachtsbuch

Impressum

Hanns Dieter Hüsch – Marc Chagall
Das kleine Weihnachtsbuch

6. Auflage 2001

Postfach 32 11 11, 40426 Düsseldorf

Lithos und Satz: digi-sys GmbH, Lünen
Druck: Contzen Druck Multi-Media GmbH, Lünen

Bestell-Nr. tvd 9740.1
ISBN 3-926512-26-1

Das kleine Weihnachtsbuch

Weihnachtsgeschichten von

Hanns Dieter Hüsch und

Lukas zwei

Mit Bildern von Marc Chagall

tvd

Das kleine Weihnachtsbuch

soll Sie zu Weihnachten beschenken, Ihnen Freude bereiten und die Gute Botschaft im neuen Licht erscheinen lassen. Gerade zu Weihnachten berührt der Himmel die Erde: Der Himmel öffnet sich den Menschen, die Engel verkündigen die Freude, die allen Menschen widerfahren wird, und die Menschen verbreiten die Botschaft, die bis zum heutigen Tag weiter erzählt wird. Manchmal nachdenklich, auch wieder schmunzelnd erzählt Hanns Dieter Hüsch seine Weihnachtsgeschichten, beschreibt sie so, als sei man selber dabei gewesen. Den weihnachtlichen Einfall Gottes – selber Mensch zu werden, als Kind zu beginnen – verbindet er mit seinen eigenen Geschichten und Wünschen.

Die Weihnachtsgeschichte aus Lukas zwei: Die Geburt Jesu gilt als die bekannteste Geschichte der Christen weltweit, sie gilt auch als einer der größten Einfälle Gottes auf Erden – neben der Schöpfungsgeschichte.

Und wie Gott in die Menschen-Geschichte zu Weihnachten einfällt: Unmittelbar vom Himmel, vom Engel Gabriel verkündet, von Maria empfangen und zur Welt gebracht, davon erzählt „Das kleine Weihnachtsbuch“.

Verbunden mit Bildern von Marc Chagall soll deutlich werden, wie das weihnachtliche Ereignis im Alten Testament schon von langer Hand vorbereitet wurde. Texte und Geschichten, Gestalten und Farben, alte und neue Zeiten geben sich zu Weihnachten die Hand – in der Hoffnung:

„Jesus kommt.
Alles wird gut.“

Uwe Seidel

Dezember-Psalm

Mit fester Freude
Lauf ich durch die Gegend
Mal durch die Stadt
Mal meinen Fluß entlang
Jesus kommt
Der Freund der Kinder und der Tiere
Ich gehe völlig anders
Ich grüße freundlich
Möchte alle Welt berühren
Mach dich fein
Jesus kommt
Schmück dein Gesicht
Schmücke dein Haus und deinen Garten
Mein Herz schlägt ungemein
Macht Sprünge
Mein Auge lacht und färbt sich voll
Mit Glück
Jesus kommt
Alles wird gut

Mein Schutzengel

Ich habe seit einiger Zeit das Gefühl,
daß ich einen Leibwächter habe.
Ich weiß es noch nicht genau.
Nicht, daß ich um mein Leben fürchte, nee, nee,
aber als ich DEM LIEBEN GOTT –
den ich vor ein paar Wochen wieder mal in Dinslaken
in unserem Stehbistro in der Neustraße gegenüber Schätzlein
traf – als ich dem lieben Gott davon erzählte,
sagte er nur, kann möglich sein.
Ich hab im Moment den Überblick nicht.
Könnte es ein Schutzengel sein, fragte ich.
Nein, nein, sagte der liebe Gott, auf die Gefahr hin, daß ich lüge,
aber das wüßte ich,
dann hätte Petrus mir was gesagt.
Die Sache kann aber auch liegengeblieben sein, sagte er dann,
wir sind ziemlich überlastet, verstehst du?
Ja natürlich, sagte ich, ich kenne das.
Wie benimmt er sich denn, fragte der liebe Gott.
Ooch, sagte ich, eigentlich ganz manierlich.
Manchmal ist er wie ein Detektiv hinter mir her,
versteckt sich, aber bleibt immer hinter mir,
überquert die Straße, geht auf gleicher Höhe
auf der anderen Seite weiter.
Beobachtet mich durch die Schaufensterecke,
bleibt stehen, wenn ich stehenbleibe,
tut aber immer ganz unauffällig.
Also wie im Krimi, sagte der liebe Gott.
Genau, sagte ich. Genau.

Das hat er bei mir gelernt, sagte der liebe Gott schmunzelnd.
Sollte es vielleicht doch ein Schutzengel sein, sagte ich.
Was hat er denn an?
Er sieht ein bißchen ärmlich bis verwahrlost aus,
trägt meist einen dunklen zerbeulten Hut,
und einen ziemlich langen Mantel,
hat aber keine Flügel.

Und wenn er den Hut absetzt, sieht man sein langes volles dunkelblondes Haar.
Das ist Michael oder Raphael, sagte der liebe Gott.
Nee, nee, sagte ich, Michael wohnt doch bei uns am Ende der Straße,
und Raphael ist doch der Luftikus unter den Engeln.
Mein Leibwächter, sagte ich, wohnt manchmal in einem alten leerstehenden Haus und hat einen Hund,
einen Mischling, einen Schäfer-Labrador.
Und gehe ich in ein Menschengewühl, dann dauert es nicht lange, und der Hund ist an meiner Seite und ich weiß, mein Leibwächter ist mir auf den Fersen.
Neulich hat er mir die Hand auf die Schulter gelegt und richtig verlegen gesagt: Fürchtet Euch nicht.
Und ich war nicht weniger verlegen.
Es muß ein ganz neuer Engel sein, sagte der liebe Gott,
und er hat keine Flügel, sagst du.
Jedenfalls nicht, wenn ich ihn sehe.

Neulich, als ich über zwei Treppenstufen beinah bös' gestolpert wäre, ich sehe zur Zeit nicht gut,
hat er mich beim Runtergehen am Mantelkragen festgehalten und nur: Nichts für ungut gesagt.
Das hat er auch bei mir gelernt, sagte der liebe Gott.
Wenn ich nur wüßte, wer dieser Bursche ist.
Allerdings, sagte ich, jetzt an Weihnachten oder so um Weihnachten herum, davor oder danach, ist nichts von ihm zu sehen. Auch der Hund nicht. Auch wo er manchmal wohnt, brennt kein Licht, ist nichts zu hören und zu sehen.
Ich denke oft, er ist in dieser Zeit vielleicht in der Nähe von Bethlehem – mit Flügeln natürlich –
die himmlischen Heerscharen brauchen ja auch sicher mal Nachwuchs – und verkündet dort mit anderen Engeln die große Freude und während die anderen zum Himmel fliegen, kommt er auf die Erde zurück und dort beschäftigst du ihn als Schutzengel, damit wir gut behütet bleiben.

Der liebe Gott guckte zum Fenster raus, und sagte mit dem süffisantesten Lächeln das ich je gesehen hatte:
Das hat was.

Ich gehe jetzt nach Hause, sagte er, und er meinte den Himmel, und werde mit Petrus ein Stück Christstollen essen, und werde ihn fragen, wer denn dieser ehrenamtliche Landstreicher sei, dem er ohne mein Wissen Flügel verliehen habe.
Bin gespannt was Petrus für ein Gesicht macht und was er wieder für eine Ausrede parat hat, ehe der Hahn dreimal kräht.
Frohes Fest, sagte der liebe Gott augenzwinkernd, und verschwand wie immer schlagartig.
Und ich sagte frei nach Luther:
Hier stehe ich, ich kanns nicht ändern.
Und als ich zur Bistrotür schaute,
sah ich den Hund hereinkommen.

LUKAS – Jesu Geburt

Es begab sich aber zu der Zeit,
daß ein Gebot von dem Kaiser Augustus ausging,
daß alle Welt geschätzt würde.

Und diese Schätzung
war die allererste und geschah zur Zeit,
da Quirinius Statthalter in Syrien war.

Und jedermann ging,
daß er sich schätzen ließe,
ein jeder in seine Stadt.

Da machte sich auf auch Josef aus Galiläa,
aus der Stadt Nazareth,
in das jüdische Land zur Stadt Davids,
die da heißt Bethlehem,
weil er aus dem Hause und Geschlechte Davids war,
damit er sich schätzen ließe mit Maria,
seinem vertrauten Weibe; die war schwanger.

Und als sie dort waren,
kam die Zeit, daß sie gebären sollte.

Und sie gebar ihren ersten Sohn
und wickelte ihn in Windeln
und legte ihn in eine Krippe;
denn sie hatten sonst keinen Raum in der Herberge.

LUKAS – Die Hirten auf dem Felde

Und es waren Hirten in derselben Gegend
auf dem Felde bei den Hürden,
die hüteten des Nachts ihre Herde.

Und der Engel des Herrn trat zu ihnen,
und die Klarheit des Herrn leuchtete um sie;
und sie fürchteten sich sehr.

Und der Engel sprach zu ihnen:
Fürchtet euch nicht!
Siehe, ich verkündige euch große Freude,
die allem Volk widerfahren wird;
denn euch ist heute der Heiland geboren,
welcher ist Christus, der Herr,
in der Stadt Davids.

Und das habt zum Zeichen:
ihr werdet finden das Kind in Windeln gewickelt
und in einer Krippe liegen.

Und alsbald war da bei dem Engel
die Menge der himmlischen Heerscharen,
die lobten Gott und sprachen:

Ehre sei Gott in der Höhe
und Friede auf Erden bei den Menschen
seines Wohlgefallens.

LUKAS – Die himmlischen Heerscharen

Und als die Engel von ihnen
gen Himmel fuhren,
sprachen die Hirten untereinander:
Laßt uns nun gehen nach Bethlehem
und die Geschichte sehen, die da geschehen ist,
die uns der Herr kundgetan hat.

Und sie kamen eilend und fanden beide,
Maria und Josef,
dazu das Kind in der Krippe liegen.

Als sie es aber gesehen hatten,
breiteten sie das Wort aus,
das zu ihnen von diesem Kinde gesagt war.

Und alle, vor die es kam,
wunderten sich über das,
was ihnen die Hirten gesagt hatten.

Maria aber behielt alle diese Worte
und bewegte sie in ihrem Herzen.

Und die Hirten kehrten wieder um,
priesen und lobten Gott für alles,
was sie gehört und gesehen hatten,
wie denn zu ihnen gesagt war.

Die Ritterburg mit der Zugbrücke

Liebe Virginia!
Du bringst mich ja völlig durcheinander.
Mich, den Kabarettisten, den sogenannten Aufgeklärten, der sich sonst über so vieles lustig macht. Natürlich gibt es das Christkind! Aber ja! Es kann nur nicht überall sein.

Stell Dir doch mal vor, wie groß die Welt ist und wieviel Kinder es überall gibt, und wie weit und wie lang das Christkind dann jedesmal unterwegs sein muß, um bei allen Kindern, bei allen Menschen, bei allen Menschenkindern, wenn auch nur ganz kurz, zu Gast zu sein. Oft natürlich auch völlig unsichtbar. Ja sicher, denn überleg doch mal, wenn wir das Christkind alle auch noch sehen könnten, wenn es plötzlich neben uns auf der Bank säße, und wenn wir mit ihm sprechen könnten, ja dann würden wir es, wie ich uns kenne, doch gar nicht mehr nach Hause lassen. Oder?

Dann müßte es doch immer mit uns spielen und uns die schönsten Geschichten von Himmel und Erde erzählen. Das geht ja leider nicht. Und gerade vor und an und auch noch nach Weihnachten hat ja das Christkind am meisten zu tun, denn es gibt ja, wie gesagt, nicht nur Köln auf der Welt, sondern auch noch viele, viele andere Städte und Dörfer in anderen Ländern und an anderen Flüssen.

Und wenn Du es nicht siehst, liebe Virginia, weil das Christkind eben auch seinen „Streß" hat, genau so wie wir, dann heißt das aber noch lange nicht, daß es das Christkind nicht gibt. Ich sehe Dich ja auch nicht jeden Tag, und weiß doch, daß es Dich gibt. Aber das Christkind sieht uns beide immer, das ist eben der feine Unterschied. Es sieht uns immer. Ganz bestimmt sogar in dem Augenblick, in dem Du meinen Brief liest, dann guckt das Christkind Dir über die Schulter und amüsiert sich ein bißchen darüber, was ich

Dir geschrieben habe. Dieser alte Spinner, denkt es dann sicher. Macht nix.

Das Christkind und ich, wir telefonieren manchmal miteinander. Und das geht so: Ich bleibe stehen und gucke an den Himmel, oder auch wenn ich irgendwo sitze, gucke ich nach oben und rede einfach mit dem Christkind. Und das Christkind freut sich dann und wünscht mir alles Gute. Manchmal sagt es auch ganz deutlich: Mach weiter so! Und manchmal sagt es auch: Find ich nicht so gut!

Und in der Weihnachtszeit gibt es das Christkind, wie soll ich sagen, natürlich doppelt und dreifach, weil es dann Geburtstag hat, und weil wir dann singen: Welt ging verloren, Christ ward geboren, freue Dich, o Christenheit! Und das macht Mut und gibt Trost. Und was tröstet, liebe Virginia, das gibt es auch.

Einmal stand in meiner Heimatstadt, in meiner Kindheitsstadt Moers am Niederrhein, im ersten Spielwarengeschäft am Platze eine Ritterburg mit Zugbrücke und Wassergraben. Und diese große Ritterburg mußte ich unbedingt haben. Sechs Wochen lang drückte ich an der großen dicken Schaufensterscheibe meine Nase platt. Diese Burg war eine Wolke. Und am Heiligen Abend gingen mein Vater und ich nachmittags immer noch mal ein Stündchen in die Stadt, damit meine Mutter in aller Ruhe die Bescherung vorbereiten konnte. Ich zog meinen Vater natürlich sofort wieder zu dem Spielwarenladen, und siehe da, die Burg war weg! Was jetzt? Und mein Vater sagte, daß das Christkind möglicherweise mit der Burg vielleicht zu uns geflogen sein könnte. Und dann sind wir wie die Irren nach Hause gerast. Und meine Mutter sagte, sie habe zwar nichts gesehen, aber ein Poltern gehört. Und plötzlich läutete ein Glöckchen, und mein Vater kam ganz atemlos in die Küche und sagte, er habe das Christkind ganz wirklich gesehen, es wäre ganz dicht an ihm vorbeigeflogen und wäre wunderschön. Und unter dem silbernen Baum stand wahrhaftig meine Ritterburg. Und es wurde ein Wahnsinns-heiligabend.

Liebe Virginia! Die Geschichte mit der Ritterburg ist jetzt 59 Jahre her. Damals war ich genauso alt wie Du. Und heute weiß ich, daß mich das Christkind in all den Jahren, den fröhlichen und den traurigen, nie verlassen hat, daß es immer an meiner Seite war. Ich danke Dir für Deine Frage. Sie war wichtig. Denn es gibt auch Zeiten, in denen keine Ritterburg unter dem Christbaum steht.

Dir und Deinen Eltern und Geschwistern:
Fröhliche Weihnachten!
Und Gottes reichen Segen!

Die Bescherung

„Daß mir keiner ins Schlafzimmer kommt", alle Jahre wieder ertönt dieser obligatorische Imperativ, wenn es darum geht, am Heiligen Abend Pakete und Päckchen in geschmackvolles Weihnachtspapier zu schlagen, wenn es darum geht, den Rest der Familie in Schach zu halten, damit auch ja keiner einen voreiligen Blick auf die Geschenke werfen kann.

Ich dagegen habe es etwas einfacher:
Ich schmücke den Baum! Punkt 17 Uhr begebe ich mich auf die Terrasse und hole den schönen Baum herein.
Es ist wirklich ein schöner Baum, sagt die Frieda. Doch, doch, sage ich, der Baum ist schön. Dann kommt die kleine Frieda und sagt auch noch, daß der Baum schön ist. Nachdem wir alle noch ein paar mal um den schönen Baum herumgegangen sind, sagt die Frieda: Mein Gott, es ist ja schon halb sechs!

Und damit beginnt offiziell in allen Familien, die sich bei diesem Fest noch bürgerlicher Geheimnistuerei bedienen, der nervöse Teil der Bescherung.

Deshalb stecke ich mir vorbeugend zunächst mal eine Zigarre an, einmal im Jahr und überlege in aller Ruhe, welche formalen Prinzipien ich diesmal zur Ausschmückung meines schönen Baumes anwende. Habe ich dann den Baum nach einigen Schnitzereien endlich mit dem Sägemesser glücklich in den Christbaumständer gezwängt, weiß ich auch schon, wie ich's mache:

Diesmal werde ich endlich dem Prinzip huldigen:
Je schlichter, desto vornehmer. Zwei bis drei Kugeln, vier bis fünf Kerzen, hier und da einen Silberfaden, aus! Schluß. Ende. Schließlich ist das ja ein Baum und keine Hollywoodschaukel. Das soll natürlich nicht heißen, daß wir nicht genügend Kugeln und Kerzen, Lametta und Engel-

haar, Glöckchen und Trompeten hätten. Im Gegenteil. Ich könnte damit drei Bäume, pardon, drei schöne Bäume schmücken. Und schon erhebt sich die Frage: Nur bunte Kugeln oder nur silberne Kugeln? Nur weiße Kerzen oder nur rote Kerzen? Engelhaar oder kein Engelhaar? Ja, was sollen meine intellektuellen Freunde denken, wenn die zu Besuch kommen und sehen dann meinen Misch-Masch aus Sentimentalität und Kunstgewerbe. Schockschwerenot!

In diese meine präzisen ästhetischen Überlegungen hinein platzt die Frieda mit dem Ruf: Wie weit bist zu? Um sechs Uhr ist Bescherung! Das schaffe ich nicht, rufe ich zurück, ich kann ja den Baum nicht übers Knie brechen. Wir haben zu Hause, sagt die Frieda, immer um sechs Uhr die Bescherung gehabt. Wir haben die Bescherung, sage ich, immer um halb acht gehabt. Wir haben sie um sechs gehabt, sagt die Frieda. Um sechs Uhr schon Bescherung, sage ich, warum dann nicht gleich schon um vier Uhr oder schon im Oktober, wir haben die Bescherung immer um halb acht gehabt, manche Leute haben ja die Bescherung erst am anderen Morgen. Und wann sollen wir essen, fragt die Frieda: Nach der Bescherung, sage ich. Also um neun Uhr, sagt die Frieda, bis dahin bin ich ja verhungert, wer hat übrigens das Marzipan, das hier auf der Truhe lag, gegessen? Ich nicht, ruft die kleine Frieda aus der Küche. Also, sagt die Frieda, also wenn du den Baum nicht in einer Viertelstunde fertig hast, dann könnt ihr euch eure ganze Bescherung sonstwo hinstecken.

Vielleicht fängt schon mal einer an zu singen, sage ich, desto leichter geht mir der Baum von der Hand. Und alle ästhetischen Überlegungen nun über den Haufen werfend, überschütte ich den schönen Baum mit allem, was wir haben, so daß man schließlich vor lauter Glanz und Gloria keinen Baum mehr sieht und die Frieda kommt wieder rein und sagt, nun hast du's ja doch wieder so gemacht, wie im vorigen Jahr, das nächste Mal schmücke ich den Baum. Ja, sage ich, wenn ihr mit keine Zeit laßt, kann natürlich kein

Kunstwerk entstehen. Nun steh hier mal nicht im Weg, sagt und halte dumme Reden, geh jetzt hier mal raus, ich muß jetzt hier die Geschenke packen und aufbauen. Ja, wo soll ich denn hingehen, frage ich, darf ich vielleicht ins Wohnzimmer? Nein, ruft da meine Schwägerin, die inzwischen eingetrudelt ist, daß mir keiner ins Wohnzimmer kommt, ich bin noch nicht fertig. In die Küche darf ich auch nicht, da bastelt nämlich die kleine Frieda noch an diesen entzückenden Kringelschleifen für jedes Päckchen herum. Die Frieda kommt aus dem Christbaumzimmer und ruft: Augen zu!!! Ich halte mit die Augen zu und sage: Ins Bad nur über meine Leiche, da hab ich nämlich meine Geschenke versteckt. Und so geht das die ganze nächste halbe Stunde: Dreh dich mal um, guck nur nicht unter den Teppich, wer hat den Schlüssel vom Kleiderschrank, ich brauche noch geschmackvolles Weihnachtspapier, der Klebestreifen ist alle, willst du wohl von der Tür da weggehen, such lieber mal die Streichhölzer, meine Mutter hat das alles alleine gemacht, das ist gemein, du hast geguckt, die paar Minuten kannste wohl noch warten! Bis es dann endlich soweit ist, aber auch dann kommt keine Ordnung zustande, dann heißt es: Wer packt zuerst aus? Du! Nein, ich doch nicht, zuerst das Kind, dann du. Nein, du dann. Wieso ich? Also, dann du und dann ich. Ich zuletzt, bitte.

Nun werden Sie vielleicht mit Recht fragen, sagen Sie mal, wird denn bei Ihnen gar nicht gesungen, wird bei Ihnen nur eingepackt und ausgepackt. Doch, doch, natürlich, wir singen auch, erste Strophe und so, aber dann fällt's meistens auseinander, aber wissen Sie, beim Einpacken und Auspacken, da sind wir alle so nervös und verlegen, dabei merkt man die Liebe und den Frieden und den Menschen ein Wohgefallen viel viel stärker als beim Singen.

Und auch der Baum, der kann dann sein, wie er will,
groß oder klein, dürr oder dicht, bunt oder schlicht,
alle sagen dann jedesmal: Also der Baum…,
also der Baum…, der Baum ist wunderschön.

Marc
Chagall

Engel gefällig?

Haben Sie je schon mal einen Engel gesehen,
Noch nie?
Im Schaufenster bei Adam & Cie
Steht einer.

„Ich bin der Engel Fritz Habermann, sagt er immer.
Ich lache alle Leute an,
Treten Sie näher, treten Sie ran,
An mir ist noch ne Menge dran.
Ich habe zwei Flügel, wie Sie sehn,
Damit kann man fliegen, wenn die Füße nicht mehr gehn,
Doch wenn die Flügel eines Tages auch nicht mehr gehn,
Kann man immer noch in so einem Schaufenster stehn.
Leihweise.
Pst. Leise!
Da kommt der Juniorchef. Der Dicke da. Der sagt immer,
Ich sähe aus wie Tommy Gottschalk.
Meinen Sie, der glaubt an Gott? Nicht die Spur.
Weihnachtssaison!
Der Einzelhandel soll übrigens nicht zufrieden sein.
Nach Neujahr muß ich wieder hier raus,
Ohne Geld, ohne Applaus schlagen sie mich in die Flucht,
War nett von dir, du warst ne Wucht,
Bis nächstes Jahr.

Alle Jahre wieder
Engel sind ja so rar.

Und dann steh ich da, direkt auf der Straße,
Ohne alles,
Und warte auf den Sommer.
Im Sommer ist Kirmes.
Da stehe ich als Säule
Bei den Elektro-Selbstfahrern,
Neben einer Hammelkeule,

Die von einem Germanen gefressen wird.
Im Herbst friere ich und freue mich auf Weihnachten.
Dann werden meine Flügel neu gestrichen.
Und Adam junior sagt, wie Tommy Gottschalk.

Alle Jahre wieder.
Man gewöhnt sich dran.
Auch an mein falsches Haar,
Und ich habe nur vier Finger.
Aber Engel sind ja so rar."

Heiligabend am Niederrhein

Im Winter möchte ich immer mit meiner Mutter in einem wunderschönen großen Schlitten mit vier Pferden davor über das verschneite niederrheinische Land fahren, ganz fest und warm eingepackt in dicken, überlangen Mänteln mit einer Kapuze, und meine Mutter hat einen wunderbaren Muff mit Pelzbesatz und sieht wieder aus wie eine Zarentochter, und ich sitze ganz still neben ihr und gucke, ob am Himmel Sterne sind und ob man noch erkennen kann, daß am Himmel Plätzchen gebacken werden. Denn immer, wenn der Himmel sich zwischendrein leicht rosa färbt, werden dort Plätzchen gebacken, hat meine Mutter immer gesagt, die schon lange tot ist und mich sicher nicht wiedererkennen würde. Und darum möchte ich immer so gerne um diese Zeit mit meiner Mutter querfeldein in einem großartigen Schlitten den Niederrhein entlangfahren, auf den Heiligen Abend zu, auf die Verwandten zu, die Toten und die Lebenden, denn um diese Zeit mischt sich bei mir alles, ich habe Sehnsucht nach meiner Kindheit und Marzipan und Apfelsinen, nach den Öfen meiner Jugend, sag' ich immer, nach den geheimnisvollen Geschichten, dann möchte ich stundenlang bis zum Nordpol über das flache Land fahren und sitze doch nur in der Küche und guck' zum Fenster raus.

Heiligabend am Niederrhein, das ist sicher wie überall, aber das geht schon ganz schön an die Nieren, weil noch mal der ganze Kram zusammenkommt. Die kleinsten Familien werden plötzlich riesengroß, und wer sich gestern noch wegen einer Kleinigkeit gekloppt hat, der ist am Heiligen Abend der versöhnlichste Mensch. Das ist sicher überall so, aber am Niederrhein sitzt das tiefer, weil das immer mit dem Ende der Welt zu tun hat. Ich meine das jetzt nur geographisch, denn am Niederrhein, da gibt es Stellen, wo man denkt, jetzt noch zehn Meter und du fällst

„vonne Erd“. Ja sicher, besonders um diese Zeit, wo Christus geboren wird. Sagen Sie mal, freuen Sie sich auch? Sie müssen hier nicht antworten, daß muß jeder selbst wissen. Aber ich freue mich. Aber nicht von Anfang an, da hab' ich zuerst gar nichts begriffen, aber heute würde ich auch mit meiner Mutter und Christus zu dritt in einem schönen Schlitten den Niederrhein rauf und runter fahren, überall aussteigen, „Früchtet euch nicht“ sagen, wieder einsteigen und dann weiterfahren. Und ich würd' den kleinen Christus überall zeigen, und wenn er weinen tät', würd' ich ihn meiner Mutter geben. Die würde ihn dann schön schaukeln, und dann würde er einschlafen und nichts von der Welt hören und sehen, denn die ist ja nicht von seiner Welt.

Am Heiligen Abend glänzt der Niederrhein ganz besonders. Er ist noch flacher als sonst, und die Menschen sind noch stiller als sonst. Sogar Ditz Atrops, der sonst immer abends an der Theke von Hein Lindemann große Reden schwingt, ist dann ganz in sich gekehrt, trinkt schon mal ein Schnäpsken, hat sich auch fein gemacht, richtig mit Hemd und Schlips, und sagt auch schon mal, wenn er reinkommt: „Also dann, ne...“. Aber mehr nicht. Und dann setzt er sich schon mal neben den Baum, der bei Hein Lindemann rechts von der Theke steht, und singt sehr laut, aber völlig falsch: „Es ist ein Ros' entsprungen“. Ganz laut, als wär er allein auf der Welt. Und das ist ja wohl auch so, daß viele allein sind, auch am Niederrhein.

Besonders am Heiligen Abend. Ich meine, das geht wieder vorbei. Am ersten Feiertag hat sich das schon wieder gelegt, aber am Heiligen Abend steht viel auf dem Spiel, denn es gibt ja nichts zum Anfassen. Die Gegend ist heilig und nebelig. Wer das liebt, so wie ich, der ist natürlich fein raus. Besonders, wenn ich mit meiner Mutter und Christus in einem Schlitten sitz', und wir fahren und fahren und sagen überall mal rasch: „n' Abend zusammen! Frohe Weihnacht!“ Und wir zeigen überall das Kind, obwohl ich nur in der Küche sitze, zum Fenster rausguck' und alle

Christbäume der Welt sehe. Ich muß mich nicht bewegen und fahre doch mit meiner Mutter und Christus in einem Schlitten über die Ebene, die kein Ende nimmt. Ab und zu sehen wir eine schwarzweiße Kuh, eine Windmühle, ein Wasserschloß und eine Kirchturmspitze, aber alles wird immer weniger, niedriger, unauffälliger. Nur der Stern wird größer und größer, heller und heller und schießt immer wieder durch meinen Kopf. Er war immer über mir, saß mir teils im Nacken, teils zwischen den Augen, von Anfang an, von Heiligabend bis Heiligabend bis Heiligabend, als wäre Heiligabend ein Dorf am Niederrhein, zwischen Wachtendonk und Keppeln, wo die Menschen sitzen, wenn sie sitzen, stehen, wenn sie stehen, liegen, wenn sie liegen, so schwer ist oft ihr Herz, und sie können es nicht ausschütten. Auch am Heiligen Abend stehen sie meist verlegen neben dem Baum und sagen: „Da wommer ma de Geschenke auspacken."

Die Gemütsbewegungen am Niederrhein könnten tausend Lokomotiven in Gang setzen, wenn der Niederrheiner sie nicht dauernd versteckte. Aber in seinem Kopf und in seinem Bauch gehen am Heiligen Abend die Pferde durch, und er hört alles und er sieht alles: Wie die Züge am Heiligen Abend immer noch rudelweise durch die Nacht fahren, und es sind wenig Menschen zu sehen, aber eine Menge Schicksal, und man kann wirklich durch alle Häuser sehen, und in Paris ist Notre-Dame völlig ausverkauft.

Ich frage mich, warum machen wir das alles:
Warum übt man vierhändig die alten Weihnachtslieder?
Warum läßt man eine alte Puppe reparieren?
Warum guckt man immer noch durchs Schlüsselloch?
Warum werden im Himmel Plätzchen gebacken?
Damit die kleinen Kinder große Augen machen
Daß ihre Wünsche in Erfüllung gehn
Und wenn sie staunen und verlegen lachen
Dann möchte man am liebsten ganz im Dunklen stehn
Damit die kleinen Kinder große Augen machen

Damit ihr Herz von dieser Welt noch nichts erfährt
Denn wenn sie groß sind, werden viele Sachen
Die sie erträumt, sehr schnell zerstört
Damit die kleinen Mündchen große Dinge sagen
Die Bäckchen sind vor Aufregung ganz heiß
Und wenn sie tausendmal dasselbe fragen:
Woher das Christkind denn das alles weiß
Dann glaubt man wieder an ein Wunder
Und träumt sich selbst ein Stück zurück
Und freut sich wie die kleinen Kinder
Auf diesen großen Augenblick

Der Baum

Wir haben vorige Woche
Den Baum geholt.
Bei uns macht sich nicht einer auf den Weg,
Sondern immer die ganze Familie.
Und wir holen auch nicht einen Baum,
Sondern d e n Baum.
Weil, wir haben da immer noch ganz feste Vorstellungen,
Der Baum muß...
So fangen unsere Sätze meist an.
Der Baum muß oder müßte, so sagen wir auf der Hinfahrt.
Wenn Sie nicht schon alle wieder weg sind, sage ich,
Alter Pessimist.
Ja, Bäume sind heute wieder gefragt.
Nun warte doch die Zeit ab, alter Spielverderber.
Und wenn wir dann da sind, sagen wir wieder:
Der Baum muß aber...

Wir schreiten mit dem netten Baumverkäufer die Reihen
Der noch vorhandenen Bäume ab.
Er muß groß sein, der Baum, etwa 2,40 m.
Man kann die Spitze abschneiden.
Nicht doch.
Dann vielleicht unten am Stamm etwas kürzen,
Da ist er sowieso nicht dicht genug und dann kommt er
Auch besser in den Christbaumständer.
Er ist nur nicht ganz gerade.
Das macht doch nix.
Also was ist?
Laß uns doch erst nochmal gucken.
Da drüben stehen auch noch ganz schöne große.
Die sind oben zu kahl...
Und zu breit
Unten sind sie zu breit,
Aber schön dicht.
Wenn da Kugeln drankommen, geht das schon auseinander.
Nö!

Gefällt mir nicht!
Was gefällt dir denn an dem Baum nicht?
Weiß ich auch nicht.
Jedenfalls, er ist mir oben zu kahl!
Und er nadelt wahrscheinlich schon früh.
Nein, nein sagt der nette Baumverkäufer, der nadelt nie.
Das sieht nur so aus.
Der ist gediegen.
Inzwischen ist der Baum, den wir zuerst schon ein bißchen
Ins Auge gefaßt und schon ein bißchen ins Herz
Geschlossen hatten (wenigstens ich),
Verkauft.
Eine Familie mit 6 Kindern hatte kurzerhand seine Schönheit
Erkannt
Und ihn sich unter den Nagel gerissen.
Sisste, sagte ich, sisste.
Was heißt denn hier sisste?
Der Baum war ja wirklich in Ordnung.
Aber man muß ja nicht gleich den ersten besten Baum
Nehmen!
Der da drüben an dem Zaun lehnt,
Der ist auch wunderbar.
Der ist doch völlig krumm, siehste das denn nicht!
Der hat ne schöne Größe.
Aber von dem kannste nur eine Seite zeigen.
Die andere Seite ist doch völlig verwachsen und
zurückgeblieben.
Nix.

Wir gucken mal weiter.
Ja, sag ich.
Wir gucken so lange,
Bis alle Bäume weg sind.
Is ja gar nicht wahr!
Is ja doch wahr und dann muß man dann irgendeinen nehmen,
Den wir im Traum nicht genommen hätten.
In diesem Augenblick hörte ich hinter mir eine Stimme,
Ich drehte mich um,
Sah aber niemanden.

Das heißt: Ich sah eine kleine Blautanne,
Wunderschön.
Ich blickte sie an und konnte mein Auge nicht von ihr lassen,
Bis sie schließlich laut und deutlich sagte:
Glotz mich nicht so an,
Ich bin verkauft!
Siehst du nicht als Zeichen dafür den roten Papierstreifen?
Ich dachte, das sei eine Aids-Schleife.
Die hab ich auch,
Sagte das Bäumchen.
Uns Nadelbäume kann man schlecht umarmen.
Aber wir stechen dafür oft ins Schwarze, ins Herz, du verstehst.
Ich verstehe, sagte ich.
Da drüben, sagte das Bäumchen,
Ein bißchen versteckt,
Steht ein schöner Baum, der hat meine ganze Liebe.
Nehmt ihn Euch doch mit.
Ich bin ja schon verkauft.
Aber vielleicht sehen wir uns draußen,
In der großen Welt wieder,
Wenn wir beide hier fortkommen.

Ich versprach ihm, daß wir seinen geliebten Baum kaufen
Und mitnehmen.
Und die kleine Blautanne sagte Danke und fragte:
Wie ist denn das,
Wenn man verkauft wird?
Ich mach das zum erstenmal!
Ist man dann verraten und verkauft?
Was sollte ich sagen,
Nein, nein sagte ich.
Du wirst ganz schön gemacht,
Geschmückt, wie wir Menschen sagen.
Und dann?
Dann bekommst du noch Kerzen auf deine Zweige…
Auf meine Arme…?
Ja, auf deine Arme gesteckt!
Und dann?

Dann bekommst du auf deinen Kopf noch eine
Silberne Spitze,
Oder eine Krone.
Und dann?
Dann werden die Kerzen angezündet und das Licht im Zimmer
Ausgemacht.
Und du strahlst wie ein Engel.
Und mein Freund, wenn er dann bei euch ist?
Der strahlt auch.
Und die Menschen strahlen und entdecken in ihren Augen
Die Freude
Und das Wunder und ihre Existenz.
Durch meine Existenz, fragte die kleine Blautanne?
Ja, sagte ich,
Auch durch deine Existenz.

Fürchte dich nicht, sagte ich,
Wir sehen uns wieder.
Vielleicht bin ich dann ein Baum
Und du bist ein Mensch.
Und wir nahmen den großen schönen Baum,
Den Freund der kleinen Blautanne, mit uns
Und wir haben ihn geschmückt!
Wie ichs erzählt habe,
Der kleinen Blautanne zuliebe
Und uns zuliebe,
Allen Lebewesen zuliebe, die unter Gottes Himmel
Nun die Möglichkeit haben,
Sich in diesen Tagen neu zu begegnen,
Sich neu zu verstehen und zu begreifen,
Und alle Macht dem Frieden zu schenken.

Am zweiten Feiertag

Nun haben wir ja in wenigen Tagen schon wieder Weihnachten, und meine Frau liegt schon seit voriger Woche auf den Knien und wienert die Wohnung. Es muß alles seine Ordnung haben, sagt sie immer, wer weiß, wer weiß, wer weiß, ob uns der liebe Gott nicht dieses Jahr wieder besucht wie vor drei Jahren. Da war doch hier alles ein Sauhaufen, eine Bruchbude. Ja sicher, aber damals hatte er sich ja auch vorher angekündigt. „Vielleicht“ hat er doch zu mir gesagt ...

Ich war ja bekanntlich vor einigen Jahren für ein paar Wochen im Himmel, und auf der Rückfahrt mit seinem Fahrrad, als er mich dann zu Hause abgesetzt hatte, er ist ja dann noch weiter nach Dinslaken gefahren, zu seiner Schwester, die hat ja eine kleine Wäscherei, da hat er wörtlich zu mir gesagt: „Ich komme vielleicht mal am zweiten Feiertag kurz bei Euch vorbei, von Dinslaken aus ist das ja wirklich nur ein Katzensprung. Ihr müßt aber nix besonderes machen, nur haltet mir die Leute vom Hals. Ein Stück Kuchen, ein Schnäpsken und wenn ihr noch was vom Gänsebraten übrig habt und Plätzchen und Kaffee und Pralinen. Deine Frau, hab ich gehört, macht doch so leckere Pralinen. Aber bitte keine Umstände um Gottes willen“ sagte er grinsend, „um Gottes willen“, sprang auf sein Fahrrad und fuhr davon.

Das war so zehn Tage vor Weihnachten und als ich das meiner Frau erzählte, brach sie fast zusammen und fing sofort an zu scheuern und zu schrubben, denn alles mußte picobello aussehen. Ein Zimmer wurde extra noch rasch neu tapeziert und, und, und. „Ja“, sagte meine Frau, „da kann er mir hundert mal sagen bitte keine Umstände, darauf falle ich nicht rein. Gerade die, die dauernd sagen, aber bitte keine Umstände und das wäre doch nicht nötig gewesen, gerade die,

das sind die schlimmsten, das sind die spießigsten,
ich kenne diese Sorte". „Du kennst ihn nicht", sagte ich,
„der kommt ganz locker in Jeans und Pulli und Lederjacke".
„Nee", sagte meine Frau, „an Weihnachten kommt er in
einem langen, weißen Hemd mit grauem Vollbart,
schon wegen der Kinder. Ich muß noch die Schränke
abstauben, denn der geht bestimmt mit dem Zeigefinger
da drüber und dann wirbelt der ganze Staub auf".

Jaa – und als er dann kam, kam er etwa so,
wie Joschka Fischer, bevor er Außenminister wurde.
Grauer Anzug, schwarzes T-Shirt, Hände in den Taschen.
Und ich sagte als erstes, „du hast abgenommen"!
„Ja schon", sagte er, „der Weihnachtsstreß, aber das
hol ich wieder rein".

Und was soll ich Ihnen sagen –
er fraß uns die Haare vom Kopf
und sagte immer wieder mit Blick auf meine Frau:
„Köstlich, vorzüglich, wunderbar,
nächstes Jahr komm' ich wieder."

Aber er ist in den letzten zwei Jahren doch nicht
gekommen. Dennoch ist bei uns schon wieder alles so
blitzblank, daß jeder, der uns an den Feiertagen
besuchen will, vom Fußboden essen kann.

Frohes Fest!

Weihnachtswunsch

Wir danken Gott dem Allmächtigen,
Daß er uns erneut seinen Sohn Jesus Christus
Gesandt, den Erlöser von einer Weltgeschichte
In menschenverachtenden Gesellschaften.

Denn als wären wir auf der Flucht
Vereinzelt und ohne Plan
Setzt Er uns Zeichen der Hoffnung und des Zweifels
Um wieder zurückzufinden
Zur Dennoch-Liebe und zur Trotz-Geduld.
Allein (aber mit ihm) sind wir stärker
Denn alle Macht des öffentlichen Lebens.

Durch unseren Glauben und seine Wahrheit
Sind wir gefeit vor allen mafiosen Organisationen
Und können den Zynikern das Kreuz als Krone getrost
Und in aller Ruhe entgegenhalten.

Denn der Glaube an Jesus Christus,
Das ist auch der Zweifel an den sogenannten
Wirklichkeiten die uns täglich verkauft werden,
Um die Wahrheit und das Elend weltweit zu verschleiern.

Der Glaube ist auch Widerstand und noch immer
Utopie und Zukunft durch Jesus Christus, einzig und allein
Durch Jesus Christus das Kind,
Das wir heute an die Hand nehmen
Und das uns morgen in die Arme nehmen wird.

Marc
Chagall

Wir bitten Gott den Allmächtigen
Er möge uns behilflich sein:
Daß wir Weihnachten nicht wie Karneval feiern,
Daß wir das Wunder von Bethlehem nicht mit
Einem Musical plus Domführung plus Reeperbahn
Plus Hafenrundfahrt und Rhein in Flammen
Verwechseln,
Sondern daß wir die Stille und das Heilige, nicht nur in
Der Nacht, neu entdecken –
Unser kleines und endliches Sein spüren,
Aber mit Jesus Christus gleichsam neu auf die Welt
Kommen, auch wenn wir schon betagt sind.
Große Freude ist uns verkündigt worden, soll in
Uns Leben, Erbarmen und Zuversicht werden, uns
Begleiten. Christus ist unter uns, urjung und uralt,
Freiheit und Erlösung als Geschenk.

Möge Gott der Herr, unser Vater unseren Dank annehmen
Und unsere Bitten erhören.
Wir sind alle seine Kinder und freuen uns auf
Jede Zeit (ob Tageszeit, ob Jahreszeit), auf jede Zeit
Mit Jesus Christus.

Amen.

Weihnachtspsalm

Herr,
Deine Gedanken sind unbezahlbar
Sie sind nicht käuflich
Wir müssen dafür nicht wochenlang sparen
Uns in Schulden stürzen
Wie man sagt

Wir müssen Deine Geschenke nicht verstecken
Oder auf der Hut sein
Daß wir sie vor der Zeit entdecken
Wir müssen damit nicht prunken
Und andere beschämen

Wir können mit leeren Händen zu Dir kommen
Und gehen mit vollen Händen
Einem großen Herz und einem reichen Geist
Um in aller Welt zu erzählen
Daß Du uns wohlhabend gemacht
Weil Du uns gut getan
Weil Du uns Deinen Sohn aufs Neue geschenkt
Der uns das Kreuz als Hoffnung zeigt
Das Kreuz als Licht und Stern in aller Finsternis
Die uns umgibt

Jesus Christus, der sich all seiner Gewalt äußert
Niedrig und gering wird
Eines Knechts Gestalt annimmt
Und doch der Schöpfer aller Ding ist
So singen wir
Das Herze Jesulein
Wer könnte von uns freundlicher sein
Und sich der Liebe wegen allen weltlichen Scheins begeben?

Herr,
Deine Geschenke sind unbezahlbar
Wir danken Dir.

Hanns Dieter Hüsch wurde 1925 in Moers am Niederrhein geboren. Nach dem Studium der Theaterwissenschaften und der Literaturgeschichte in Mainz landete er 1947 beim Studentenkabarett „Die Tolleranten“.
1948 stellt er sein erstes Soloprogramm auf die Beine. 1956 wird er Mitbegründer des Kabaretts „Arche Noah“. Seit über 40 Jahren gibt er Gastspiele im In- und Ausland.
Hörfunk- und Fernsehsendungen erreichen ein großes Publikum, obwohl er doch „nur ein Kleinkünstler“ ist, wie er sagt. Er erhielt zweimal den Deutschen Kleinkunstpreis, ist Ehrenbürger der Universität Mainz, Träger der Mainzer Gutenberg-Plakette. 1994 wurde ihm der Staatspreis des Landes Nordrhein-Westfalen verliehen.

Er wohnt seit 1986 in Köln und ist Ehrenbürger seiner Heimatstadt Moers. Seit 1985 ist er regelmäßig Gast und Mitarbeiter auf Deutschen Evangelischen Kirchentagen mit ausgesuchten Kabarett-Programmen und seit Jahren gefeierter „Prophet“ bei Liturgischen Festen. Die Johanneskirche in Köln-Klettenberg wurde seine geistliche Heimat. Dort erzählt er zur Weihnachtszeit seine schmunzelnd-nachdenklichen Geschichten.

Marc Chagall wurde 1887 als Sohn jüdischer Eltern in der russischen Stadt Witebsk geboren. Als kostbares Erbe seines jüdischen Glaubens hatte er als Kind schon einen vertrauten Umgang mit biblischen Geschichten und religiösen Themen. Er lernte diese biblischen Erzählungen im Elternhaus und in der Synagoge nicht nur als längst vergangene traditionelle Ereignisse kennen, sondern als zweite tragfähige Wirklichkeit des alltäglichen Lebens. Die Kraft des biblischen Wortes ließ ihn nie wieder los.
Als Chagall 1985 in St. Paul de Vence an der französischen Côte d'Azur verstarb, hinterließ er ein umfassendes Werk an grafischen Darstellungen, Ölgemälden und vielen herrlichen Glasfenstern. Über ein Drittel seiner künstlerischen Arbeiten sind biblische Themen, die immer wieder den Himmel mit der Erde, das Paradies mit dem Menschen verbinden und unsere Träume mit Gottes-Visionen verweben.
Chagall hat seine Werke nicht kommentiert. „Kunstwerke müssen für sich selbst sprechen“, sagte er anläßlich der Einweihung seines Museums (Musée National Message Biblique Marc Chagall) in Nizza. So sprechen die Bilder im „Kleinen Weihnachtsbuch“ eine eigene Sprache und wollen einladen, in den Dialog mit den Texten einzutreten.

Inhalt

Text- und Bildnachweis

Zwei Texte von Hanns Dieter Hüsch haben wir aus anderen Büchern übernommen:

Die Bescherung (Seite 20) aus: Hanns Dieter Hüsch, Du kommst auch drin vor (Seite 348-351), © 1990 Kindler Verlag, München.

Heiligabend am Niederrhein (Seite 28) aus: Hanns Dieter Hüsch/Norbert Schinner, Tach zusammen – Geschichten und Bilder vom Niederrhein, © 1997, 4. Auflage, Mercator-Verlag, Duisburg.

Acht Bilder von Marc Chagall wurden in diesem Buch verwendet:

Le songe de Jacob (Details: Titel, Seite 5, 13 und 39)
Jakobs Gesang – 1. Mose 28
Adam et Eva chassés du paradis (Details: Seite 7 und 9)
Adam und Eva im Paradies – 1. Mose 2
Le cantique des Cantiques III (Detail: Seite 17)
Das Hohe Lied der Liebe 4,1
Le cantique des Cantiques I (Details: Seite 21 und 43)
Das Hohe Liebe der Liebe 8,6
Le cantique des Cantiques IV (Seite 24/25)
Das Hohe Lied der Liebe 8,6
Le paradis (Details: Seite 29 und 31)
Das Paradies – 1. Mose 2
Moise devant le buission ardent (Detail: Seite 35)
Brennender Dornbusch – 2. Mose 3
Le arche de noé (Detail: Rückseite)
Arche Noah – 1. Mose 7

Wir bedanken uns bei den Verlagen und der VG Bild-Kunst für die Abdruckgenehmigung.